SUPERESTRELLAS DEL FÚTBOL

JUDE BELLINGHAM

¡EL CENTROCAMPISTA COMPLETO!

AF893756

OBERON

Publicado en 2024 por Welbeck Children's Books.
Un sello editorial de Hachette Children's Group
parte de Hodder & Stoughton Limited.
Carmelite House, 50 Victoria Embankment, Londres EC4Y 0DZ
Hachette UK

Traducción autorizada de la edición original en lengua inglesa de la obra titulada
Football Superstars: Bellingham Rules, de Simon Mugford y Dan Green.

Escritor: Simon Mugford
Diseñador e ilustrador: Dan Green
Dirección de diseño: Sam James
Responsable editorial: Víctor Manuel Ruiz Calderón
Composición de cubierta: Celia Antón Santos
Traductora: María Barbado Mujica

Estadísticas y datos actualizados a 12 de febrero de 2025.

Ediciones Oberon (GRUPO ANAYA, S. A.), 2025
Valentín Beato, 21. 28037 Madrid
Depósito Legal: M. 2411-2025
ISBN: 978-84-415-5185-5
Impreso en España

PAPEL DE FIBRA
CERTIFICADA

SUPERESTRELLAS DEL FÚTBOL

JUDE BELLINGHAM

¡EL CENTROCAMPISTA COMPLETO!

SIMON MUGFORD DAN GREEN

CONTENIDOS

CAPÍTULO 1

¡HEY, JUDE!

¡HEY, JUDE!

Jude Bellingham es toda una sensación del fútbol: hoy por hoy, uno de los mejores jugadores del mundo. En pocos años, este magnífico centrocampista ha pasado de jugar en la liga inglesa con el Birmingham City a convertirse en una superestrella mundial con el **Real Madrid** y la selección de **Inglaterra.**

¡Y ESTE LIBRO
VA SOBRE ÉL!

¿QUÉ TIENE
BELLINGHAM
PARA SER TAN
EXTRAOR-
DINARIO?
10

Control

El toque de Jude y su capacidad de dominar el balón en todas las zonas del campo son increíbles.

Cualidades físicas

Combina fuerza y habilidad para mantener la posesión y superar al rival.

Flexibilidad

Puede pasar rápidamente de la defensa al ataque: es el centrocampista perfecto.

Liderazgo

Juega con la seguridad de un jugador mucho más veterano, de ahí su gran capacidad de liderazgo y de marcar ejemplo.

Pases

Es uno de los mejores haciendo pases en los partidos.

Goles y asistencias

Sin duda alguna, Jude sabe generar ocasiones de gol y marcar.

JUDE EN CIFRAS

Endúlzate con estos datos y descubre lo ***INCREÍBLE*** *que es este jugador con sólo 21 años.*

34 goles y **24** asistencias . . .

en **75** partidos con el **Real Madrid**

13 goles y **13** asistencias . . .

en la **Champions League**

40 partidos con la selección **Inglesa**

1 **Copa de Alemania** con el **Borussia Dortmund**

1 **Supercopa de España** con el **Real Madrid**

1 **Liga** con el **Real Madrid**

1 **Champions** con el **Real Madrid**

1 Premio al **Mejor Jugador de la Temporada** de **La Liga**

Valor de traspaso estimado en

200 MILLONES DE €

BELLINGHAM

NOMBRE: *Jude Victor William Bellingham*

FECHA DE NACIMIENTO: *29 de junio de 2003*

LUGAR DE NACIMIENTO: *Stourbridge, Inglaterra*

ALTURA: *1,86 m*

POSICIÓN: *Mediocentro*

CLUBES: *Birmingham City, Borussia Dortmund, Real Madrid*

SELECCIÓN NACIONAL: *Inglaterra*

PIE DOMINANTE: *Derecho*

CAPÍTULO 2

ESTRELLA DEL STOURBRIDGE

Jude Bellingham nació en **2003** en **Stourbridge**,

una población a las afueras de Birmingham (Inglaterra).

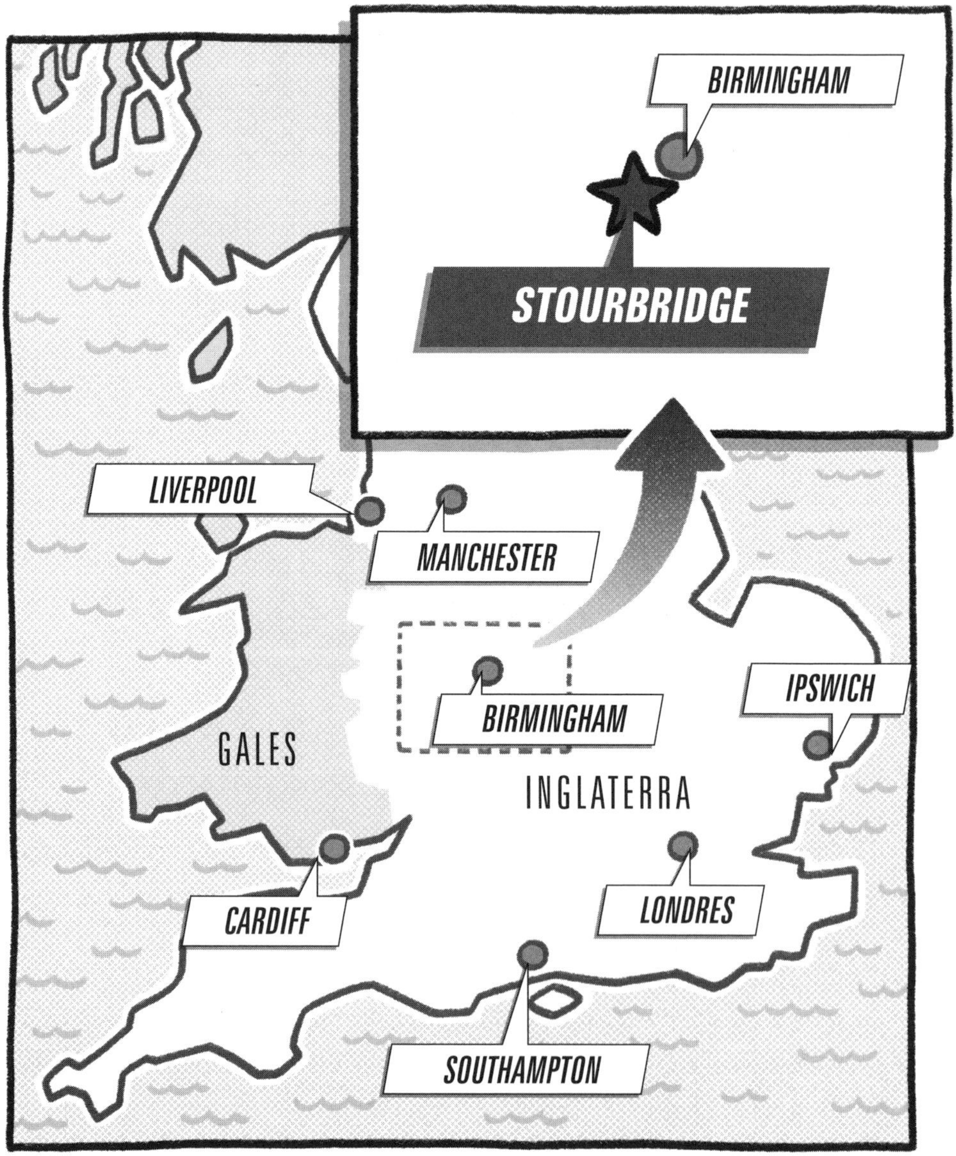

Se crio en un pueblo cercano llamado **Hagley** con...

El padre de Jude era **policía,** pero los fines de semana cambiaba el uniforme por una equipación de fútbol y jugaba como delantero en el club de fútbol del lugar.

Jude iba a los partidos con su madre y su hermano pequeño para animar a su padre.

Mark Bellingham** es una **leyenda** del fútbol **no profesional** en su región, The Midlands. Jugó durante más de **20 años** y marcó más de **700 goles.

El padre de Jude empezó a colaborar los sábados por la mañana en unas sesiones de fútbol para niños en **Stourbridge.**

Jude tenía entonces **cinco años,** y lo acompañaba...

Al principio, al pequeño le encantaban los **ejercicios de calentamiento:** correr, jugar al **pilla-pilla** y a atrapar los chalecos.

Pero cuando sacaban los balones al campo...

Su padre y otro entrenador, **Phil Wooldridge,** sin presionarlo, lo animaron a empezar y enseguida se entusiasmó.

En su colegio, el **Hagley Primary School,** jugaba al fútbol en los **recreos, a la hora de comer...** en cuanto podía. Siempre estaba en el **patio** con sus compañeros y un balón en los pies.

¡Y, naturalmente, también jugaba **después del colegio** con Jobe, en su jardín, hasta que tocaba entrar en casa!

Poco después, el padre de Jude y Phil convirtieron aquellas sesiones de fútbol en un club propiamente dicho: el **Stourbridge Juniors.**

Durante los entrenamientos, Jude...

Regateaba...

entraba y se hacía con el balón...

ponía el **pase** perfecto...

¡Y marcaba muchos **goles**!

El pequeño Jude ya daba muestras de que iba a ser un

futbolista especial.

«LO VEÍAS JUGAR Y DECÍAS: "SÍ, ESE CHICO DEFINITIVAMENTE TIENE TALENTO"».
Phil Wooldridge, entrenador de Jude en el Stourbridge Juniors.

CAPÍTULO 3

EL NÚMERO 22

Jude era el **jugador estrella** del Stourbridge Juniors **–el equipo de su colegio–** y siempre jugaba con alegría.

Cuando estaba en sexto, su cole llegó la final del campeonato nacional, que se jugó en el campo de entrenamiento del **Aston Villa.**

¡GUAU!

Su equipo no ganó y Jude quedó muy decepcionado.

Pero se le pasó rápido, ¡su pasión por el fútbol era mayor que su decepción!

En su anuario de fin de curso, escribió:

En 2010, el **Birmingham City** estaba disputando la Premier League junto con sus rivales locales, el **Aston Villa,** el **Wolverhampton Wanderers** y el **West Bromwich Albion.**

Y fue el Birmingham City quien envió a **un ojeador** a ver jugar a Jude con el Stourbridge Juniors.

Jude, sin saber que le estaban observando, se limitó a jugar como siempre: **¡de maravilla!**

El ojeador habló con el padre de Jude y propuso que el niño se presentara a una **prueba.**

Al principio, Jude no lo veía claro porque lo que le gustaba era jugar al fútbol con sus amigos, pero pronto aceptó.

El día de la prueba, Jude estaba muy **nervioso.** Pero, una vez en el campo, se olvidó de los nervios...

Así que Jude se apuntó a la **academia infantil** del Birmingham, en la que entrenaba cuatro veces por semana.

Poco después, **Jobe,** su hermano, se unió también al Birmingham. ¡Ahora había dos **Bellingham!**

Mike Dodds y los entrenadores del Birmingham City no tardaron en darse cuenta del potencial de Jude: se estaba formando una **joven superestrella.**

El chico ascendió rápidamente, y empezó a jugar en grupos con edades superiores a la suya.

Siempre era el más pequeño del campo, pero a Jude no le molestaba. Jugaba como siempre: **corriendo, entrando, defendiendo, regateando** y **marcando goles.**

Con la ayuda de sus padres, mantuvo una actitud tranquila y humilde y, lo mejor de todo, **disfrutó jugando al fútbol.**

Sus grandes héroes futbolísticos de niño eran...

Steven Gerrard, legendario centrocampista y capitán del Liverpool.

Años activo: ***1998-2016***

y **Wayne Rooney**, el sensacional goleador del Manchester United.

Años activo: ***2002–2021***

Jude quería jugar como Gerrard y Rooney.

Mike Dodds le dijo que también podía jugar de mediocentro defensivo con el **número 4.**

«ES UN SER HUMANO MARAVILLOSO... CON EL DESEO DE LLEGAR A LO MÁS ALTO».

Mike Dodds, entrenador de la academia de Jude en Birmingham

CAPÍTULO 4

UN JOVEN LEÓN

Mientras Jude causaba sensación en el Birmingham City, los entrenadores de la selección juvenil inglesa seguían de cerca los progresos de la joven estrella.

Fue seleccionado para la **sub-15** en 2016, cuando solo tenía **13 años,** y debutó en un partido contra **Turquía.**

Jugó junto a **Jamal Musiala** (entonces en el Chelsea), **Cole Palmer** (en el Manchester City) y **Tino Livramento** (en el Chelsea).

¡Todos ellos un año mayores que él!

Jude apenas podía creerlo: jugar para su país era un grandísimo honor.

La temporada siguiente resultó aún mejor, cuando, con sólo **14 años,** fue nombrado **capitán** de **la selección inglesa sub-15.**

Como capitán, la brillante estrella centrocampista llevó al equipo a una memorable **victoria por 3-1** contra Holanda.

Y el **29 de abril de 2018,** marcó su primer gol **como jugador internacional junior** en la victoria por 5-3 contra **Austria.**

EL GRAN TRIUNFO

10 DE SEPTIEMBRE DE 2019

FINAL DE LA COPA SYRENKA

ESTADIO DOLCANU, ZABKI (POLONIA)

POLONIA sub-17 2-2 INGLATERRA sub-17

(1-3 EN PENALTIS)

Jude y sus jóvenes compañeros viajaron a **Polonia** con la selección inglesa sub-17 para disputar la **Copa Syrenka, un minitorneo** internacional.

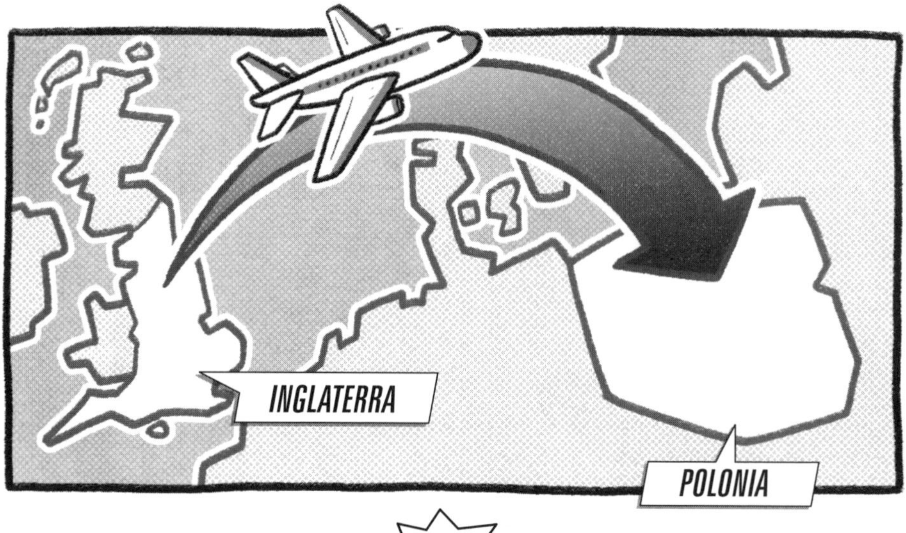

A los **10 minutos** del comienzo, Inglaterra ganaba 2-0, pero los anfitriones empataron antes del descanso. Aún empatados tras los 90 minutos, los equipos se alinearon para la temida **tanda de penaltis.**

Inglaterra ganó en los penaltis y Jude, el capitán del equipo, levantó su primer trofeo: ¡había nacido una futura estrella de los **Tres Leones!**

SU HISTORIAL CON LA SELECCIÓN JUNIOR

SUB-15

PARTIDOS	GOLES	ASISTENCIAS
8	1	0

SUB-16

PARTIDOS	GOLES	ASISTENCIAS
11	3	3

SUB-17

PARTIDOS	GOLES	ASISTENCIAS
3	2	0

CAPÍTULO 5

LO MEJOR EN EL BIRMINGHAM

Para **2019,** la carrera de Jude en el Birmingham City comenzó a despegar.

Ya había destacado en la selección **sub-23**, marcando goles importantes e impresionando a los más veteranos con sus habilidades.

Los entrenadores lo pusieron de **primer suplente,** lo que suponía unirse al primer equipo los días de partido y participar en los calentamientos.

En **verano de 2019,** Jude viajó junto al primer equipo en una gira por **Portugal** y marcó dos goles sensacionales contra el **Swindon** en un amistoso de pretemporada.

Empezaba a coger peso y, seguramente, su **debut como titular** no andaba lejos.

Como siempre, con el **apoyo de su madre y su padre,** Jude no se dejó llevar por el éxito.

Entrenó a fondo, jugó maravillosamente y conservó su actitud fresca, tranquila y **profesional.**

El nuevo entrenador del Birmingham, **Pep Clotet,** quedó **muy impresionado.**

DEBUT HISTÓRICO

6 DE AGOSTO DE 2019

PRIMERA RONDA DE LA LEAGUE CUP

PORTSMOUTH 3-0 BIRMINGHAM CITY

Llegó el momento. Jude era parte de la alineación inicial en esta eliminatoria de la **League Cup.** ¡Y lucía con orgullo su camiseta número 22!

A pesar de la derrota por 3-0, destacó en el juego —la afición le adoraba— y fue elegido **mejor jugador del partido.**

Y su debut fue un hito para el club.

Con **16 años y 38 días, era el jugador más joven de la historia** del Birmingham City.

El récord anterior lo estableció el legendario **Trevor Francis,** años atrás, en 1970.

DEBUT DE ENSUEÑO

31 DE AGOSTO DE 2019

CHAMPIONSHIP

BIRMINGHAM CITY 2-1 STOKE CITY

Jude ya había **debutado** con el Birmingham en la Championship la semana anterior, como suplente de última hora en el partido contra el **Swansea City.**

Pero este partido era **especial:** era su presentación en casa, en el club en el que llevaba desde los 7 años. Salió en el minuto 30 en lugar de **Jefferson Montero,** que estaba lesionado.

El Stoke se adelantó en la segunda parte, pero el Birmingham luchó para **igualar el marcador.**

En el minuto 76, Jude aprovechó una ocasión para disparar —se desvió— y **¡GOOOOOLLLLL!**

La Championship inglesa es una liga **muy** dura.

Se juegan **46 partidos,** en los que los equipos compiten por el **ascenso** y los puestos de ***play-off*** para poder optar a la Premier League, o evitar el descenso.

Jude sólo tenía 16 años, pero era **titular indiscutible.** A veces estaba en el banquillo, pero casi siempre jugaba de titular.

Y jugaba **magníficamente...**

Los **clubes más importantes de Europa** ya habían oído hablar de él y querían ficharlo.
¿Cuánto tiempo podría **el Birmingham** retener a su joven superestrella?

«PUEDE ALCANZAR EL CIELO COMO JUGADOR: NO TIENE TECHO».
Pep Clotet, entrenador de Jude en el Birmingham City

CAPÍTULO 6

LA LLAMADA DE ALEMANIA

En 2020, todo apuntaba a que Jude estaba listo para fichar por un gran club. El **Chelsea** y el **Real Madrid** estaban interesados.

El **Manchester United** invitó a Jude a un recorrido por Old Trafford con su legendario exentrenador, **Sir Alex Ferguson.**

El Manchester ofreció **23 millones de euros** por él, pero el Birmingham rechazó la oferta.

Jude había prometido quedarse y **terminar la temporada.**

En marzo de 2020, toda la actividad futbolística se detuvo debido a la pandemia del Covid.

Jude y su familia tuvieron tiempo para pensar qué hacer...

En julio tomaron una decisión. Jude se decantó por la **Bundesliga** alemana: fichó por el **Borussia Dortmund,** un club famoso por formar a jóvenes talentos.

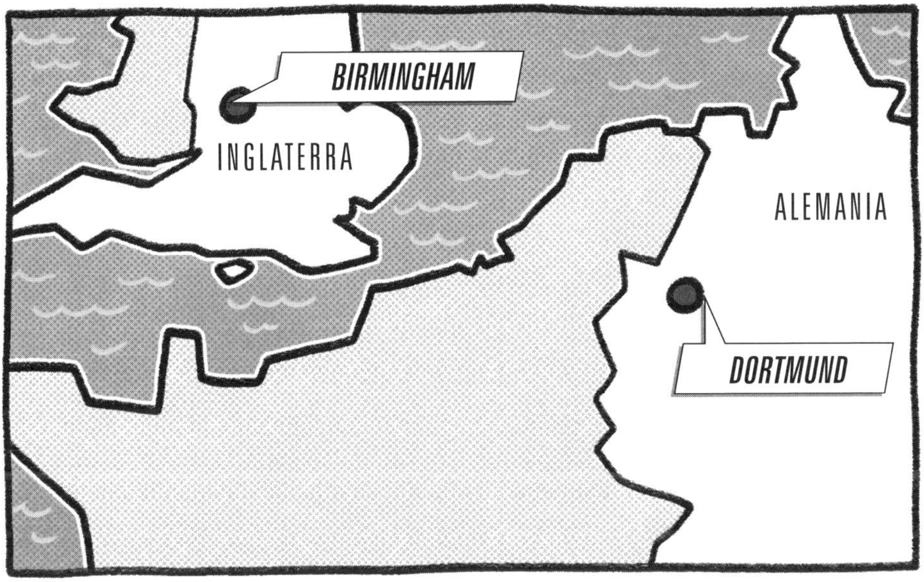

Con sólo 17 años, se marchaba a Alemania, en una operación valorada en **¡30 MILLONES DE EUROS!**

Pero primero había que terminar la temporada en el Birmingham City.

El último partido fue contra el **Derby County.** En él se enfrentó a su héroe de la infancia, **Wayne Rooney.** El marcaje de Jude impidió que Rooney anotara un gol.

Lamentablemente, debido a la pandemia, el partido se jugó a puerta cerrada, por lo que Jude tuvo que **despedirse** de sus seguidores en las redes sociales:

El Birmingham retiró **el dorsal 22** en honor a su superestrella que se había formado en su cantera.

2019-2020

PARTIDOS	GOLES	ASISTENCIAS
41	4	2

CAPÍTULO 7

ESTRELLAS NACIENTES

Bellingham es uno de los **MEJORES** jugadores jóvenes del mundo, algunos dicen que **EL MEJOR**. ¿Qué otros están a su altura?

JAMAL **MUSIALA**

FECHA DE NACIMIENTO: **26 de febrero de 2003**

CLUB / PAÍS: **Bayern de Múnich / Alemania**

POSICIÓN: **Centrocampista / extremo**

VALOR ESTIMADO: **113 millones de euros**

Jamal, nacido en Alemania, pero criado en Inglaterra, jugó con Jude en las categorías juveniles en Inglaterra. Apodado ***«Bambi»*** *por su sensacional regate,* ***ha ganado la Bundesliga en cuatro ocasiones*** *con el Bayern y jugó con Alemania en la Eurocopa 2020 y el Mundial 2022.*

COLE PALMER

FECHA DE NACIMIENTO: **6 de mayo de 2002**

CLUB / PAÍS: **Chelsea / Inglaterra**

POSICIÓN: **Centrocampista / extremo**

VALOR ESTIMADO: **57 millones de euros**

Palmer comenzó su carrera en el ***Manchester City,*** *pero el Chelsea se hizo con él a principios de la temporada 2023-2024. Desde su fichaje, no ha parado de recibir elogios ni de anotar goles. Con 22 tantos, fue el máximo goleador del club en 2023-2024, la segunda mejor marca de la* ***Premier League.***

En abril de 2024, anotó el **triplete perfecto más rápido** de la Premier League: ¡marcó con la izquierda, con la derecha y de cabeza en sólo **29 minutos!**

GAVI

FECHA DE NACIMIENTO: **5 de agosto de 2004**

CLUB / PAÍS: **Barcelona / España**

POSICIÓN: **Centrocampista**

VALOR ESTIMADO: **90 millones de euros**

El niño prodigio del Barcelona ha sido comparado con los legendarios centrocampistas del club Xavi y Andrés Iniesta. Gavi causa sensación, tanto en su club como en su país, y sus extraordinarias habilidades y apariciones le han valido el premio Golden Boy y el Trofeo Kopa en 2022.

Gavi es el **goleador más joven** de España. Marcó contra la República Checa con **17 años y 304 días.**

KOBBIE MAINOO

FECHA DE NACIMIENTO: **19 de abril de 2005**

CLUB / PAÍS: **Manchester United / Inglaterra**

POSICIÓN: **Centrocampista / extremo**

VALOR ESTIMADO: **35 millones de euros**

Graduado en la academia del ***Manchester United,*** *saltó al estrellato en su primera temporada completa con el club en 2023-2024. Rápido, habilidoso y muy versátil, hizo su primera aparición con la selección inglesa en un amistoso contra Bélgica en marzo de 2024 y fue elegido mejor jugador del partido.*

El primer gol de Mainoo en la **Premier League** fue un tanto impecable en los últimos minutos que les dio la victoria por 4-3 contra el **Wolverhampton Wanderers** en febrero de 2024.

FLORIAN **WIRTZ**

FECHA DE NACIMIENTO: **3 de mayo de 2003**

CLUB / PAÍS: **Bayer Leverkusen / Alemania**

POSICIÓN: **Centrocampista / extremo**

VALOR ESTIMADO: **113 millones de euros**

*El **dinamismo,** la **velocidad** y la **versatilidad** de Wirtz fueron decisivos para que el Leverkusen se proclamara campeón de la Bundesliga por primera vez en su historia en 2024. El primer triplete de su carrera en la victoria por 5-0 contra el Werder Bremen fue uno de los muchos momentos destacados que ayudaron al Leverkusen a alzarse con el título. Es una gran promesa para el fútbol alemán.*

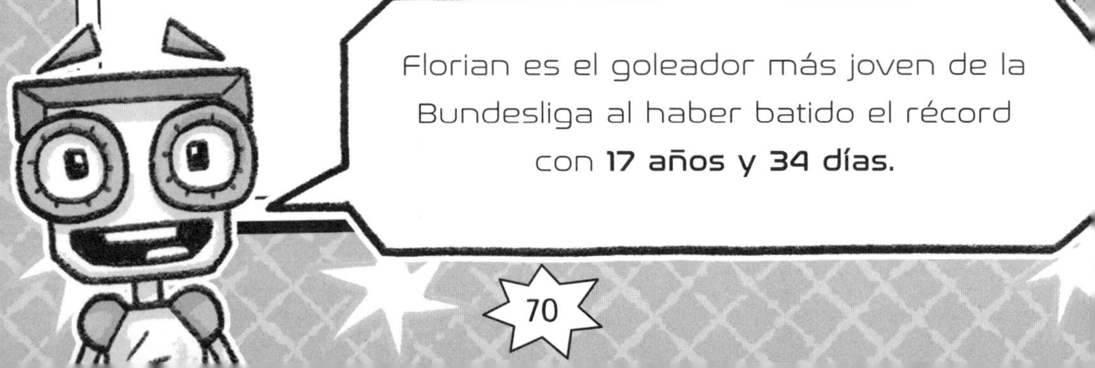

EDUARDO **CAMAVINGA**

FECHA DE NACIMIENTO: **10 de noviembre de 2002**

CLUB / PAÍS: **Real Madrid / Francia**

POSICIÓN: **Centrocampista / lateral izquierdo**

VALOR ESTIMADO: **91 millones de euros**

Atlético y con un alto grado de destreza técnica, Camavinga es un ***maestro*** *en el mediocentro, capaz de hacerse con las riendas de un partido. Llegó al Madrid en 2021 y en su primera temporada ayudó al equipo a conseguir el doblete de* ***La Liga*** *y la* ***Champions****.* ***¡Magnífico!***

Camavinga **debutó con el Madrid** en septiembre de 2021: salió del banquillo y marcó al **Celta de Vigo.**

OTRAS **FIGURAS**

RASMUS HOJLUND

NACIMIENTO: 4 DE FEBRERO DE 2003

IMPONENTE DELANTERO

MANCHESTER UNITED / DINAMARCA

JEREMY DOKU

NACIMIENTO: 27 DE MAYO DE 2002

UN EXTREMO MUY ASTUTO

MANCHESTER CITY / BÉLGICA

WARREN ZAIRE-EMERY

NACIMIENTO: 8 DE MARZO DE 2006

CENTROCAMPISTA DINÁMICO

PARÍS SAINT-GERMAIN / FRANCIA

PEDRI

NACIMIENTO: 25 DE NOVIEMBRE DE 2002

CENTROCAMPISTA MAGISTRAL

BARCELONA / ESPAÑA

ENDRICK

NACIMIENTO: 21 DE JULIO DE 2006

UN HÁBIL DELANTERO

REAL MADRID / BRASIL

CAPÍTULO 8

EL DIAMANTE DEL DORTMUND

En julio de 2020, Jude se incorporó a uno de los clubes más importantes de Alemania. El Borussia Dortmund rara vez queda fuera de los **tres primeros puestos** de la Bundesliga y suele competir en la Champions.

Su destino era un equipo repleto de jugadores de gran talento, entre ellos...

El goleador que causa sensación:

Erling Haaland...

Su compañero de la selección inglesa:

Jadon Sancho . . .

Y el veterano dúo alemán:

Mats Hummels y **Marco Reus**

La **Bundesliga** era diferente de la Championship inglesa. Exigía menos en cuanto a preparación física, pero mucho más en cuanto a técnica.

¿Qué tal le iría a Jude?

Era un **paso inmenso** para un chico de 17 años cambiar de equipo y de país, aprender un nuevo idioma y hacer nuevos amigos.

Por suerte, Denise, la madre de Jude, se mudó a Alemania con él.

Jadon Sancho ayudó a Jude a adaptarse a su nuevo club y pronto se hicieron buenos amigos.

En el Dortmund tenían la **tradición** de que cada jugador nuevo que llegaba tenía que **cantar una canción** a sus compañeros.

DEBUT DE RÉCORD

14 DE SEPTIEMBRE DE 2020

PRIMERA RONDA DE LA COPA DE ALEMANIA

MSV DUISBURG 0-5 BORUSSIA DORTMUND

Debutó con el Dortmund en este encuentro de la **Copa de Alemania** contra el **Duisburgo,** de tercera división.

Vistiendo la **famosa camiseta amarilla,** Jude demostró con toda tranquilidad sus cualidades como centrocampista.

A los **30 minutos,** recibió un pase en el área,

disparó y **¡BOOM!**

¡Marcó en su debut!

MOMENTAZOS DEL 2020-2021

LO MEJOR DE LA PRIMERA TEMPORADA DE JUDE EN EL DORTMUND

20 DE OCTUBRE DE 2020

FASE DE GRUPOS DE LA CHAMPIONS

LAZIO 3-1 BORUSSIA DORTMUND

*Jugó de titular en el Dortmund en esta fase de la **Champions:** ¡su debut europeo! Con **17 años y 113 días** fue el **titular inglés** más joven en dicho torneo.*

10 DE ABRIL DE 2021

BUNDESLIGA

STUTTGART 2-3 BORUSSIA DORTMUND

El equipo local se adelantó rápido en el marcador en este emocionante encuentro, pero Jude marcó ***su primer gol en la Bundesliga*** *y empató justo después del descanso.*

14 DE ABRIL DE 2021

CUARTOS DE FINAL DE LA CHAMPIONS - PARTIDO DE VUELTA

BORUSSIA DORTMUND 1-2 MANCHESTER CITY *(2-4 GLOBAL)*

El Dortmund acabaría eliminado de la competición en esta fase, pero no antes de que Jude marcara su primer gol en una ***Champions.***

Hizo una primera temporada en **Alemania** increíble. Ganó su **primer trofeo** con el Dortmund, que se alzó con la **Copa de Alemania.**

Y Jude fue elegido **Mejor Jugador Revelación de la Bundesliga.**

SU HISTORIAL 2020-2021

PARTIDOS	GOLES	ASISTENCIAS
46	4	4

CAPÍTULO 9

CORAZÓN DE LEÓN

Cuando la carrera de Jude despegaba en Alemania, fue convocado por la **selección inglesa sub-21** para disputar la fase de clasificación del **Campeonato de Europa sub-21.**

Iba a jugar con jóvenes estrellas de la **Premier League,** como...

Conor Gallagher . . .

y **Aaron Ramsdale.**

Jude participó en las victorias contra **Austria, Turquía** y **Kosovo,** encuentro en el que marcó el **sexto gol** de Inglaterra.

EUROESTRELLA

13 DE JUNIO DE 2021

EUROCOPA 2020 GRUPO D

INGLATERRA 1-0 CROACIA

Justo antes de cumplir los 18, en el primer partido de la selección inglesa en la **Eurocopa 2020,** Jude estaba en el banquillo.

En el minuto 82, el seleccionador **Gareth Southgate** le hizo una señal para que se preparase.

¡Iba a sustituir al capitán, **Harry Kane!**

Jugar con Inglaterra (**en el Wembley**) era un sueño hecho realidad.

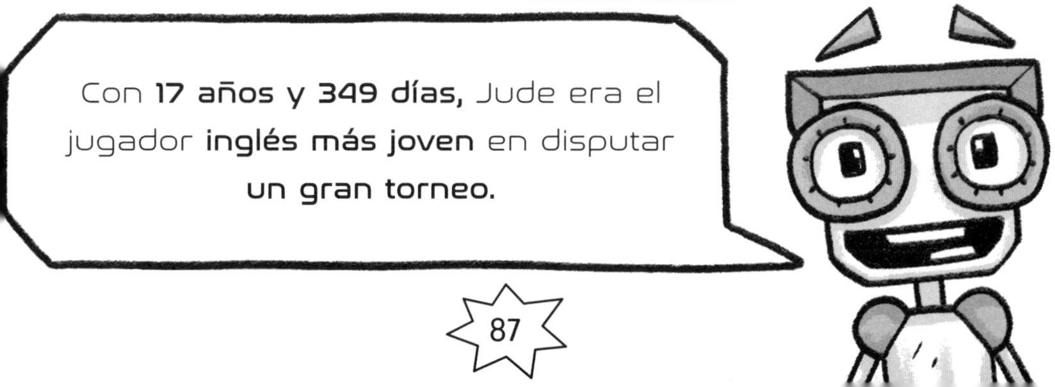

«ES UN JUGADOR MUY PROMETEDOR. VA A SER IMPORTANTE PARA INGLATERRA».

Gareth Southgate habla sobre Jude en 2021.

CAPÍTULO 10

A LA CABEZA

Tras su **impresionante** primera temporada en el Dortmund, estaba listo para subir de nivel.

Su amigo Jadon Sancho se había marchado al **Manchester United,** y el nuevo entrenador del Dortmund, **Marco Rose,** quería que Jude, que sólo tenía 18 años, ocupara una posición más ofensiva, generando ocasiones de gol y marcando tantos.

27 DE AGOSTO DE 2021

BUNDESLIGA

BORUSSIA DORTMUND 3-2 HOFFENHEIM

La asistencia de Jude a **Giovanni Reyna** inauguró el marcador, pero el equipo visitante no tardó en responder.

Poco después, Jude recogió el balón en el área, lo controló magistralmente y (**¡ZAS!**) ¡lo mandó **al fondo de la red!**

MOMENTAZOS 2021-2022

LOS GRANDES MOMENTOS DE SU SEGUNDA TEMPORADA EN EL DORTMUND

15 DE SEPTIEMBRE DE 2021

CHAMPIONS LEAGUE - GRUPO C

BESIKTAS 1-2 BORUSSIA DORTMUND

*Jude **destacó** al marcar el primer gol, pasando el balón entre las piernas del portero. Luego, con gran astucia, asistió a **Haaland** para que marcara el segundo.*

¡Sensacional!

23 DE OCTUBRE DE 2021

BUNDESLIGA

ARMINIA BIELEFELD 1-3 BORUSSIA DORTMUND

El Dortmund ya ganaba 2-0 cuando Jude ***regateó a tres defensas*** *en el área y superó al portero.* ***¡Un golazo en solitario!***

4 DE DICIEMBRE DE 2021

BUNDESLIGA

BORUSSIA DORTMUND 2-3 BAYERN DE MÚNICH

Jude asistió los dos goles del Dortmund, pero sus grandes rivales, inspirados por ***Robert Lewandowski*** *y un* ***polémico penalti****, eran muy fuertes. ¡Su frustración en el campo evidenciaba su gran deseo de ganar!*

El Dortmund acabaría perdiendo la carrera por el título ante el Bayern de Múnich.

CAPITÁN JUDE

Puede que el Dortmund se quedara sin el título, ¡pero Jude cada vez iba **A MÁS!**

¿Estaba preparado para asumir aún más responsabilidades? El nuevo seleccionador, **Edin Terzic,** no tenía ninguna duda.

Con algunos de los veteranos lesionados, nombró **capitán** a su joven estrella.

5 DE OCTUBRE DE 2022

CHAMPIONS LEAGUE - GRUPO G

SEVILLA 1-4 BORUSSIA DORTMUND

Y así fue que Jude, con sólo 19 años, llevó el brazalete de capitán en la **Champions**.

¡TREMENDO!

Tras apenas **cinco minutos,** un magnífico pase suyo abrió el marcador y, antes del descanso, Jude regateó, dio un giro y colocó el balón en la portería!

LA CUENTA ATRÁS

Jude estaba a tope en un momento en el que el Dortmund luchaba por ganar la **Bundesliga 2022-2023.**

Era el motor del equipo, consiguió marcar **OCHO goles** y colocar **CINCO asistencias.**

Sin embargo, con Jude en el banquillo tras sufrir una **lesión de rodilla,** el Bayern se hizo con el título cuando, en la **última jornada del torneo,** el Dortmund sólo logró empatar contra el Mainz.

Casi lo logran... Jude estaba muy afectado.

¿Podría **volver a intentarlo** la próxima temporada o le esperaba algún otro gran cambio?

Como reconocimiento a su gran desempeño fue elegido

Jugador de la Bundesliga de la temporada.

SU HISTORIAL EN EL DORTMUND

TEMPORADA	PARTIDOS	GOLES	ASISTENCIAS
2020-2021	46	4	4
2021-2022	44	6	14
2022-2023	42	14	7

CAPÍTULO 11

EXCELENCIA INTERNACIONAL

EL PRODIGIO DEL MUNDIAL

En 2022, Jude fue convocado a formar parte de la selección inglesa para el **Mundial de Qatar.**

Iba a jugar para su país en el mayor torneo del mundo...

¡QUÉ PASADA!

Marcó en su primera aparición en un mundial, en el partido inaugural del Inglaterra contra **Irán,** con un gol de cabeza espectacular.

En los octavos de final contra **Senegal,** Jude estuvo imparable realizando unas carreras impresionantes que dieron lugar a los dos goles. **¡Qué estrella!**

Lamentablemente, la aventura mundialista de Inglaterra llegó a su fin en un disputado encuentro de **cuartos de final** contra **Francia.**

¡Pero Jude se había presentado al mundo!

UN FUTURO **FANTÁSTICO**

En octubre de 2023, hizo un partido digno del **mejor jugador** en el encuentro contra **Italia,** transformando un penalti y asistiendo a Marcus Rashford en el gol que dio a Inglaterra la victoria por **3–1** y la clasificación para la **Eurocopa 2024.**

Junto a la

destreza

defensiva

de...

Y la **potencia ofensiva** de...

CAMPEÓN DEL **KOPA**

En octubre de 2023, Jude fue elegido **mejor jugador del mundo menor de 21 años,** al recibir el **Trofeo Kopa.**

Es **el primer** jugador inglés que gana el Trofeo Kopa.

Entre los ganadores anteriores figuran:

SU HISTORIAL EN INGLATERRA

PARTIDOS	GOLES	ASISTENCIAS
40	6	9

«TIENE UNA MENTALIDAD INCREÍBLE. CON TANTA MADUREZ Y HUMILDAD A TAN POCA EDAD. TENEMOS SUERTE DE CONTAR CON ÉL».

Seleccionador de Inglaterra,
Gareth Southgate

CAPÍTULO 12

LA OFERTA DEL REAL

En **junio de 2023,** Jude fichó por uno de los mejores clubes de fútbol del mundo:

Por la alucinante cifra de...

En lugar del 22, llevaría el dorsal número **5,** el mismo que lucía el legendario centrocampista madridista **Zinedine Zidane.**

Y no podría haber empezado mejor, **marcando en su debut** y en cada uno de sus **cuatro primeros** partidos de La Liga.

¡Increíble!

EL CLÁSICO CLÁSICO

28 DE OCTUBRE DE 2023

LA LIGA

BARCELONA 1-2 REAL MADRID

Era la primera vez que Jude participaba en uno de los enfrentamientos futbolísticos más destacados a nivel mundial: **El Clásico.**

¿Podría el **joven de 20 años** soportar la presión?

¡Y tanto que pudo!

El Barcelona no tardó en adelantarse en el marcador, pero en el **minuto 68,** Jude marcó un golazo desde larga distancia para igualar.

¡A JUGAR!

Fue un partido muy disputado de principio a fin hasta que...

Jude **remató de volea** en el descuento para sellar la victoria.

EL CHICO DE ORO

Jude fue elegido **Jugador del Mes** de octubre de **La Liga** y los premios y la admiración no dejaron de sucederse...

Ganó el **Golden Boy,** galardón que reconoce al mejor jugador de Europa menor de 21 años, que se sumó a su **Trofeo Kopa.**

«Podría convertirse en el mejor jugador inglés de todos los tiempos».
Gary Lineker
«Ha nacido para jugar en el Real Madrid».
Vinicius Júnior
«Es espectacular, tenemos suerte de contar con él».
Zinedine Zidane

MOMENTAZOS DE LA *CHAMPIONS*

SU PRIMERA TEMPORADA EUROPEA CON EL MADRID

3 DE OCTUBRE DE 2023

CHAMPIONS LEAGUE - GRUPO C

NÁPOLES 2-3 REAL MADRID

*Su pase propició el gol del empate de **Vinicius Júnior** y, poco después, Jude protagonizó una carrera asombrosa para colarse entre la defensa del Nápoles y disparar a puerta. **¡Increíble!***

29 DE NOVIEMBRE DE 2023

CHAMPIONS LEAGUE - GRUPO C

REAL MADRID 4-2 NÁPOLES

*En el partido de vuelta, Jude volvió a ser el jugador más destacado, marcando de cabeza el 2-1 para el Madrid y asistiendo a **Joselu** para el cuarto. **¡Adentro!***

8 DE MAYO DE 2024

PARTIDO DE VUELTA - SEMIFINALES DE LA CHAMPIONS

REAL MADRID 2-1 BAYERN DE MÚNICH *(4-3 GLOBAL)*

El encuentro se anunció como «Bellingham contra Kane». Estaban empatados tras el partido de ida. En el de vuelta, el Bayern llevaba la delantera hasta que, sorprendentemente, ***Joselu*** *logró la victoria para el Madrid con dos goles muy tardíos. Jude se preparaba para una final de ensueño: contra su antiguo club, el Dortmund, en Wembley.* ***¡Guau!***

JUDE: CAMPEÓN

El segundo **Clásico** de Jude fue otro *thriller.* El Madrid estuvo en dos ocasiones por detrás en el marcador frente al Barcelona hasta que apareció nuestro protagonista con **otro** gol en el descuento que supuso el **3-2** decisivo.

Dos semanas después, el Barcelona perdió frente al Girona, y el Real Madrid se proclamó campeón de La Liga.

Jude **lo celebró** con sus compañeros de equipo y con **miles de aficionados.**

SIMPLEMENTE EL MEJOR

El estatus de Jude de **superestrella del Real Madrid** se confirmó al final de la temporada 2023-2024 al ser elegido **Jugador de La Liga de la Temporada.**

Unos días después, el Madrid se enfrentó al **Borussia Dortmund** en la **final de la Champions** en Wembley.

El antiguo club de Jude dominó la primera parte, pero el Madrid acabó imponiéndose con los goles de **Dani Carvajal** y **Vinicius Junior.**

El Real Madrid se proclamaba **campeón de Europa por decimoquinta vez** y Bellingham añadía otra medalla a su colección.

Un momento especial para un jugador **muy especial...**

Qué **temporada tan increíble** para Jude...

23 GOLES y **13 ASISTENCIAS** en **43 PARTIDOS**

Jude era el **protagonista** en un equipo repleto de superestrellas...

Teniendo un **estilo,** una **destreza** y una **habilidad** en el juego que rebasan su edad, no cabe ninguna duda de que...

BELLINGHAM ¡ES INCREIBLE!

5

¡PONTE A PRUEBA!

¿Cuánto sabes sobre JUDE BELLINGHAM?
Averígualo con este test y luego pon a prueba a tus amigos.

1. ¿En qué trabajaba su padre?

---

2. ¿Qué otro deporte practicaba Jude de niño?

---

3. ¿Quiénes eran sus héroes futbolísticos cuando era pequeño?

---

4. ¿Qué famoso número de camiseta llevaba?

---

5. ¿Contra qué equipo marcó Jude su primer gol con el Birmingham?

---

6. ¿Cuánto pagó el Borussia Dortmund por su fichaje?

---

7. ¿Contra qué equipo marcó su primer gol en la Champions?

---

8. ¿Con qué otro jugador inglés jugó en el Dortmund?

---

9. ¿Cuántos goles marcó Jude en su primer Clásico?

---

10. ¿Qué dos grandes premios ganó en 2023?

RESPUESTAS

1. Policía
2. Cricket
3. Steven Gerrard y Wayne Rooney
4. El 22
5. Stoke City
6. 30 millones de euros
7. Manchester City
8. Jadon Sancho
9. Dos
10. Trofeo Kopa y Golden Boy

JUDE BELLINGHAM:
PALABRAS CLAVE

The Championship

La liga de segunda división inglesa.

Bundesliga

La liga de fútbol más importante de Alemania.

La Liga

La principal liga de fútbol española.

Champions League

Competición europea de clubes que se celebra cada año. El ganador es el mejor equipo de Europa.

Trofeo Kopa

Premio al mejor jugador del mundo menor de 21 años.

Golden Boy

Premio al mejor jugador de Europa menor

¿HAS LEÍDO ALGUNO DE NUESTROS LIBROS DE FÚTBOL Y SUS ESTRELLAS?

OTROS LIBROS DE OBERON

LAS 100 MEJORES HISTORIAS DEL FÚTBOL
HISTORIAS INÉDITAS
CAMPEONES
EL CANAL DE FÚTBOL REFERENCIA EN ESPAÑA.
6.ª EDICIÓN
OBERON

4.ª EDICIÓN
Las 100 PERSONAS que cambiaron el FÚTBOL
UN REPASO A LA HISTORIA DEL FÚTBOL A TRAVÉS DE LAS PERSONAS QUE HAN CONTRIBUIDO A CAMBIARLO
OBERON

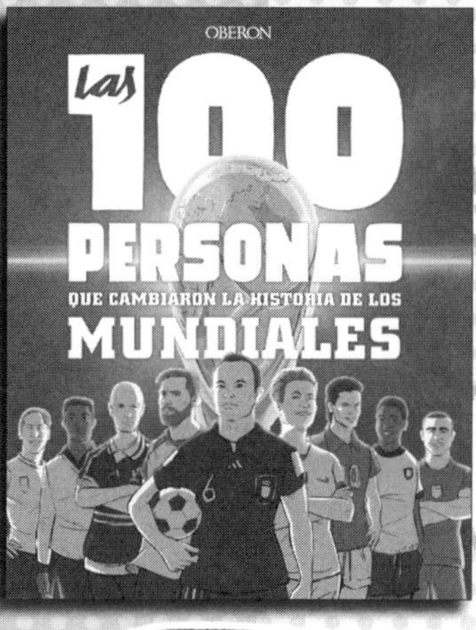
OBERON
Las 100 PERSONAS QUE CAMBIARON LA HISTORIA DE LOS MUNDIALES

Las 100 HISTORIAS DE LEYENDAS DEL REAL MADRID
OBERON
Guille Glez

¡SI TE HA GUSTADO ESTE LIBRO, PUBLICA UNA RESEÑA SOBRE ÉL EN LA PÁGINA WEB DE TU LIBRERÍA!

SOBRE LOS AUTORES

El primer trabajo de **Simon** fue en el Museo de la Ciencia haciendo aviones de papel y pompas lo bastante grandes como para que cupiera un adulto. Desde entonces, escribe todo tipo de libros sobre los temas que le gustan: dinosaurios, cohetes, llamas, música estridente y, por supuesto, fútbol. Simon es fan del Ipswich Town desde que ganó la FA Cup en 1978 (es verdad, compruébalo) y una vez se sentó al lado de Rio Ferdinand en un tren. Vive en Kent (Inglaterra) con su mujer, su hija, un perro y un gato.

Dan lleva dibujando monigotes desde que aprendió a sostener un lápiz. Luego, al hacerse mayor, empezó a hacer libros sobre camiones, el espacio, los oficios de la gente, *Doctor Who* y *La guerra de las galaxias.* Sí recuerda que el Ipswich Town ganó la FA Cup, pero no vio el partido porque estaba demasiado ocupado fabricando un barco vikingo de cartón. Por eso sabe más de vikingos que de fútbol. Vive en Suffolk (Inglaterra) con su mujer, su hijo, su hija y su perro que, digamos, es quien saca a Dan a dar largos paseos.